2 Juin 1875.

Inauguration du Monument

élevé dans le Cimetière
de la Ferté-Alais
à la Mémoire de

Pierre-Victor-Léon Angot

Souvenir offert à ses Parents & Amis

A. M.

de la part de M. Augustin Angot

Paris, Imp. H. Monckarmont, 4, pl. des Victoires

Paroles prononcées

par

Monsieur Augustin Angot

sur la tombe de Pierre-Victor-Léon Angot, à
l'inauguration de son monument funèbre.

La Ferté-Alais (S.-et-O.) 2 Juin 1875.

M. M.

Le 19 Décembre 1873, sous le coup de l'émotion causée par
la mort de notre ami, j'ai prononcé devant ses dépouilles mortelles
que je ramenais dans cette ville, tant aimée de lui, quelques paroles dans lesquelles j'ai essayé de retracer la modeste existence,
hélas! sitôt brisée d'un homme de bien.

Ai-je été, M. M. l'interprète de vos sentiments? mon
inexpérience de la parole avait, à ce moment, votre bienveil-
lance pour encouragement, et pour excuse, l'émotion que
cause toujours une aussi triste cérémonie.

Aujourd'hui, notre réunion a pour but d'inaugurer
le monument élevé à la mémoire de Pierre-Victor-Léon
Angot. Les amis, qu'il a choisis pour veiller à l'exécution
de ses dernières volontés, ont désiré que quelques mots de
souvenir fussent dits sur sa tombe.

Ce n'est pas à moi, M. M., qu'il appartenait d'ac-
complir ce pieux devoir; d'autres et de plus autorisés
auraient bien mieux exprimé nos sentiments. Cédant à

de trop bienveillantes instances, je veux aujourd'hui, non pas faire un discours, mais rappeler en quelques mots nos souvenirs communs.

Ici, et devant vous tous qui m'écoutez, je n'ai point à insister sur les qualités de notre regretté parent et ami. C'est dans son testament que Pierre-Victor-Léon Angot, en traduisant ses dernières pensées, a résumé en quelque sorte sa vie tout entière. J'ai entendu, au sujet de ce testament, émettre les jugements les plus divers et les opinions les plus variées. Dans notre pays avec nos coutumes sur la transmission des héritages, lorsqu'un testament s'écarte des voies ordinaires, de combien d'interprétations n'est-il pas l'objet ?

Pierre-Victor-Léon Angot a été l'artisan de sa fortune. Après avoir fait la part de la famille et celle de l'amitié, et assuré l'existence de ceux qui lui étaient chers, il a voulu, en instituant cette ville sa légataire universelle, y créer d'utiles et durables établissements.

Ai-je fidèlement résumé la situation ? C'est à vous qu'il appartient d'en juger, Messieurs, vous à qui il a confié l'exécution de ses dernières volontés. Dans le nombre, vous en avez peut-être rencontré, ne vous en défendez pas, Messieurs, auxquelles votre cœur eût voulu pouvoir un peu contrevenir. Mais votre mandat était impératif, et en hommes habitués à l'observance du devoir, vous avez tenu à honneur de rester dans les limites qui vous étaient imposées. Bien remplir ces sortes de mandats n'est pas toujours chose facile, mais vous nous avez prouvé, Messieurs, qu'il n'y avait pas d'obstacles que ne pussent surmonter le sentiment du devoir et le dévouement à l'amitié.

La Bienfaisance s'inspire de sentiments divers; celle qui, guidée par le repentir, a eu pour but de réparer des fautes, est assurément une bonne et sainte action, que Dieu seul a le droit de juger. Mais il y a une autre espèce de bienfaisance : c'est la bienfaisance naturelle qui naît et se développe dans les cœurs généreux. C'est celle que Pierre-Victor-Léon Angot a mise en pratique.

C'est dans la plénitude de ses volontés qu'il a disposé de sa fortune. Par une sage prévoyance qui dénote aussi une grande modestie chez son auteur, Angot, au risque de laisser le temps affaiblir la mémoire de ses bienfaits, a voulu les mettre à l'abri de toutes les vicissitudes. Si l'installation des établissements de bienfaisance, que son legs est appelé à fonder, est ajournée, leur existence est du moins pleinement assurée.

Et comme, sans doute, vous ne verrez pas tous la réalisation de cette pieuse et prévoyante pensée, dites à vos enfants, afin qu'ils le répètent à leur tour, que cette fortune, uniquement acquise par le travail, n'a jamais rien dû à ces spéculations qui, trop souvent, laissent derrière elles tant de ruines.

De tels legs, M. M. sont bénis de Dieu; c'est une bonne semence, et qui reçue dans un bon terrain produira les meilleurs fruits.

Que l'exemple donné par cet enfant généreux de la Ville de La Ferté-Macé ne soit pas perdu et trouve des imitateurs; que vos Établissements de bienfaisance s'agrandissent, que vos Écoles s'étendent et prospèrent! puisse-t-il en sortir beaucoup d'hommes de bien semblables à celui dont cette tombe recouvre les dépouilles, mais dont le souvenir sera toujours vivant parmi nous.

Monsieur l'Instituteur, si vous lisez un jour à vos élèves le testament de Franklin, appelez leur attention sur ce passage de son codicile, daté de 1789: « J'ai remarqué que parmi les artisans, les bons apprentis sont d'ordinaire de bons citoyens. » Dites-leur, avec la ferme assurance de n'être point démenti, que fils de ses œuvres, dans ce dur apprentissage de la vie, Pierre-Victor-Léon Angot, leur bienfaiteur, fut toujours un honnête homme et un bon citoyen.

Je terminerai par l'expression d'un regret: parmi ceux qu'affectionnait notre pauvre Angot, il en est un qui manque à notre réunion, son nom est sur vos lèvres: n'est-ce pas rendre encore hommage à la mémoire de notre ami que d'évoquer ici le souvenir de ce frère, de cet autre homme de bien qui l'a suivi de si près dans la tombe.

Que la famille de ce bon et loyal J.-B^{te} Mayeux reçoive l'assurance de nos sincères et affectueuses sympathies.

www.ingramcontent.com/pod-product-compliance
Lightning Source LLC
LaVergne TN
LVHW050244060726
842525LV00007B/2849